Christian Schneider

Nursing Minimum Data Set (NMDS): Bedeutung für die Pflege

GRIN Verlag

Bibliografische Information der Deutschen Nationalbibliothek:

Die Deutsche Bibliothek verzeichnet diese Publikation in der Deutschen National-bibliografie; detaillierte bibliografische Daten sind im Internet über http://dnb.d-nb.de/ abrufbar.

Impressum:

Copyright © 2011 GRIN Verlag GmbH
Druck und Bindung: Books on Demand GmbH, Norderstedt Germany
ISBN: 978-3-656-49940-4

Dieses Buch bei GRIN:

http://www.grin.com/de/e-book/232821/nursing-minimum-data-set-nmds-bedeutung-fuer-die-pflege

GRIN - Your knowledge has value

Der GRIN Verlag publiziert seit 1998 wissenschaftliche Arbeiten von Studenten, Hochschullehrern und anderen Akademikern als eBook und gedrucktes Buch. Die Verlagswebsite www.grin.com ist die ideale Plattform zur Veröffentlichung von Hausarbeiten, Abschlussarbeiten, wissenschaftlichen Aufsätzen, Dissertationen und Fachbüchern.

Besuchen Sie uns im Internet:

http://www.grin.com/

http://www.facebook.com/grincom

http://www.twitter.com/grin_com

NURSING MINIMUM DATA SET

Hausarbeit

im Modul 14c Health and Nursing Informatics for Manager
im Studiengang
B. Sc. Allgemeine Pflege mit Schwerpunkt Management im Gesundheitswesens

Fachhochschule Frankfurt am Main
University of Applied Sciences
Nibelungenplatz 1
60318 Frankfurt am Main

Abgabe: 25.01.2011

Inhaltsverzeichnis

1. Einleitung

Das Gesundheitssystem in Deutschland ist in einem stetigen Wandel um die Bevölkerung einerseits adäquat zu versorgen und um andererseits die anfallenden Kosten gering zu halten, denn seit Jahren versucht die Politik das Missverhältnis zwischen steigenden Ausgaben und sinkenden Einnahmen zu kompensieren. Um bei gesundheitspolitischen Entscheidungen nicht vernachlässigt zu werden, muss die Sparte Pflege ihr Handeln auf der Grundlage von Fakten und nicht auf Vermutungen darstellen. Es ist deshalb eine Grundlage aufzubauen, welche eine Darstellung des Pflegeaufwandes und die damit verbundenen pflegerischen Leistungen im Detail aufzeigt. In der Hausarbeit wird die Datensammlung „Nursing Minimum Data Set" (NMDS) vorgestellt. Zusätzlich soll überprüft werden, ob ein NMDS die pflegerischen Leistungen für die Gesellschaft begründbar darstellen lässt.

2. Methode

Um Informationen über die Datensammlung des deutschen Gesundheitswesens zu erhalten, wurde auf den Seiten des Robert- Koch- Institutes und auf der Seite des Bundesministeriums für Gesundheit recherchiert. Durch diese Suche sollte festgestellt werden, welche Daten im Bezug auf Pflege den politischen Gremien zur Verfügung stehen. Bei der Beschreibung der Datenelemente des NMDS wurde nach Veröffentlichungen gesucht, die Bezug auf das schweizerische CH-NMDS nehmen. Zahlreiche Literatur wurde zum schweizerischen CH-NMDS gefunden. Durch die Veröffentlichungen des NURSING data Projektes konnten umfassende Informationen gesammelt werden. Zusätzlich wurde nach Veröffentlichungen gesucht, die sich mit dem Projekt beschäftigen. Dies beinhaltete die Online- Literaturrecherche über die Suchmaschine „Google" und über das Datenbankprogramm CINAHL. Dabei wurde unter den Begriffen: *Nursing minimal data set, Basisdatensatz, NMDS* recherchiert. Zusätzlich wurde in der Fachbibliothek der Fachhochschule Frankfurt am Main und der deutschen Nationalbibliothek Frankfurt am Main nach Literatur bezüglich des schweizerischen CH-NMDS gesucht.

3. Datenlage des deutschen Gesundheitswesens

3.1 Kosten der Pflege im Gesundheitswesen

Die Ausgaben im deutschen Gesundheitswesen steigen stetig an (von 1995- 2006 um 58,5 Mrd. Euro). (Böhm/Müller 2009) Nach Angaben des statistischen Bundesamtes entfielen im Jahr 2006 über drei Viertel des Ausgabevolumens auf die drei Leistungsarten: ärztliche Leistungen (66,4 Mrd. Euro), Waren (65,8 Mrd Euro) und pflegerische/therapeutische Leistungen (58,8 Mrd. Euro). (Böhm/Müller 2009, 18) Betrachtet man die Ausgaben nach der Einrichtungsart im Gesundheitswesen, so nimmt der ambulante Bereich des Gesundheitswesens den größten Teil ein (118,6 Mrd. Euro). Die Ausgaben im ambulanten Pflegebereich belaufen sich auf 7,4 Milliarden Euro im Jahr 2006. (Böhm/Müller 2009, 22–23) Der zweitgrößte Bereich ist der (teil-)stationäre Bereich mit 90,1 Mrd. Euro. Die Ausgaben fallen in diesem Bereich wie folgt an: 63,9 Mrd. Euro in den Krankenhäuser, 18,8 Mrd. Euro in (teil-)stationären Pflegeeinrichtungen und 7,4 Mrd. Euro in den Vorsorge- und Rehabilitationseinrichtungen. (Böhm/Müller 2009, 24) In dem Schwerpunktbericht Pflege zur Gesundheitsberichterstattung des Bundes 2004 werden die Kosten der Krankenhäuser nochmal differenziert betrachtet. Es lässt sich feststellen, dass die größten Ausgaben im Krankenhaus die Personalkosten sind. Durch die hohe Anzahl des Pflegepersonals entfällt der größte Teil der Personalkosten auf den Pflegedienst. (Pick et al. 2004, 31) Zusammenfassend lässt sich sagen, dass die Pflege ein hohes Maß an Kosten im Gesundheitssystem verursacht.

3.2 Pflegeleistungen im Gesundheitswesen

Die Pflege im Gesundheitswesen gewinnt immer mehr an Bedeutung. Durch das ansteigende Lebensalter der Bevölkerung und der damit einhergehenden Zunahme chronischer Krankheiten steigt das Lebensrisiko pflegebedürftig zu werden. (Pick et al. 2004, 9) Vor allem der Bedarf der ambulanten Versorgung wird durch den demographischen Wandel, dem Prinzip "ambulant vor stationär" und der sinkenden Verweildauer im Krankenhaus weiter steigen. (Pick et al. 2004, 28) Im Bereich der Krankenhausversorgung hat die Pflege einen hohen Stellenwert. Sie umfasst die indirekte

4

Pflege (Dokumentation, Aufgaben bei der Unterstützung ärztlicher Assistenz) und die direkte Pflege (Grundpflege, Behandlungspflege, Unterstützung bei diagnostischen Untersuchungen, Kommunikation, usw.). Eine zunehmende Bedeutung im Rahmen der pflegerischen Versorgung wird dem Entlassungsmanagement beigemessen, da durch den Verweildauerrückgang der Schulungs- und Beratungsbedarf steigt. (Pick et al. 2004) Durch die immer älter werdende Gesellschaft nimmt auch die Zahl der Personen zu, die im Pflegeheim versorgt werden müssen. Es werden zwar zwei Drittel der Pflegebedürftigen durch Angehörige bzw. ambulanten Pflegedienst betreut, jedoch steigt die Zahl der Pflegebedürftigen die im Pflegeheim versorgt werden an. (Robert Koch-Institut 2006, 168)

Trotz des hohen Stellenwertes im Gesundheitswesen, kann die Pflege nur unzureichend ihre Bedeutung darstellen, denn bisher wird kein Instrument eingesetzt, welches den Pflegeaufwand, die Kosten, den Personalbedarf sowie die Pflegequalität valide misst. (Eberl/Bartholomeyczik 2010, 309)

4. Beschreibung des NMDS

4.1 Datenelemente des NMDS

Die Anforderung an ein NMDS ist es, Informationen aus der Pflegepraxis zu erfassen, um die Informationsbedürfnisse unterschiedlichster Datennutzer im Gesundheitswesen befriedigen. (Hannah/Ball/Edwards 2002) Zur Erreichung dieses Zieles, ist es notwendig einen standardisierten Datensatz zu entwickeln, der die Pflegepraxis abbildet und den Pflegeaufwand begründet. Wolfram Fischer nennt die wichtigsten Datenfelder eines Minimaldatensatzes: Alter, Geschlecht; Eintritts- und Austrittsdatum; Eintritts- und Austrittsart; ärztliche Diagnosen; ärztliche Prozeduren; Mögliche Zusatzdaten der Pflege: Pflegediagnosen; Pflegeleistungen; Pflegeergebnisse; Pflegeintensität (Fischer 2006, 8)

4.2 Das Schweizer CH-NMDS

In der Schweiz befasst sich das Projekt NURSING data mit diesem Datensatz und soll deshalb näher betrachtet werden. Anne Berthou berichtet, dass genauso wie in

Deutschland, die Pflege in der Schweiz hohe Kosten verursacht und durch die älter werdende Bevölkerung und der Zunahme chronischer Leiden an Bedeutung gewinnt. (Bartholomeyczik/Halek 2004, 22) Sie bemängelt, dass sich die schweizerische Gesundheitsstatistik, genauso wie die deutsche, nach der medizinischen Statistik richtet und schlussfolgert, dass deshalb ein großer Teil - der größte - in der schweizerischen Gesundheitsversorgung im "Dunkeln" bleibt. (Bartholomeyczik/Halek 2004, 22) Damit die Pflege in die schweizerische Gesundheitsstatistik miteinbezogen wird, entstand das Projekt NURSING data. Das Projekt hatte zum Ziel, „die in den Institutionen anfallenden Pflegedaten in die schweizerische Gesundheitsstatistik zu integrieren und zugleich die Grundlagen zu liefern für eine finanzielle Bewertung der Pflege." (Nursing Data 2003) Um dies zu realisieren war es für die Beteiligten des Projektes notwendig, einen standardisierten Datensatz zu entwickeln, der die Pflegetätigkeiten (Pflegeintervention) beschreibt und auch den Grund für eine Pflegeintervention nennt (Pflegephänomen). (Berthou/Junger/Dominin 2004, 8) Mit den heraus gearbeiteten 56 Pflegephänomenen, die sich an die Klassifikation der Funktionsfähigkeit, Behinderung und Gesundheit (ICF) anlehnt, ließ sich der Gesundheitszustand des Patienten aus der Sicht der Pflege darstellen. (Berthou/Junger/Dominin 2004, 14) Mit Hilfe einer Beurteilungsskala ließ sich feststellen, ob es sich bei dem Pflegephänomen um ein Risiko, ein Problem oder eine Ressource handelt. Auf diese Weise konnte sichtbar gemacht werden, ob eine Pflegeintervention gerechtfertigt war. (Berthou/Junger/Dominin 2004, 15) Mit den herausgearbeiteten 51 Pflegeinterventionen konnte die Pflegekraft ihre Tätigkeiten beschreiben, um ein Pflegephänomen zu erhalten, zu verbessern bzw. zu reduzieren oder zu eliminieren. Um die Pflegeintervention zu verfeinern, wurden Verbenpaare verwendet, die den Handlungstyp näher beschreiben: einschätzen/ überwachen, beraten/ unterrichten, durchführen/ umsetzen, unterstützen/ begleiten. (Berthou/Junger/Dominin 2004, 18) Zusätzlich wurden im CH-NMDS Angaben über den Ort der Leistungserfassung, die Zusammensetzung des Pflegepersonals, die zeitliche Dimension der Pflege und die Darstellung des Aufenthaltes/ Falls gesammelt. (Berthou/Junger/Dominin 2004, 8) Mit diesem umfassenden Datensatz konnten nun die Entscheidungsträger auf unterschiedlichsten Ebenen im Gesundheitswesen ihre Informationsbedürfnisse aus dem Datensatz ziehen. Die Datensammlung begann bei der Pflegepraxis (1. Ebene), die beobachtbare Fakten sammelte und in ein Spital- oder Pflegedossier (2. Ebene) eingab und zusätzlich von anderen Tätigkeits- und Fachbereichen ergänzt wurde. In der dritten Ebene, dem Auswertungsset, wurden die Informationen aus den Spital- oder Pflegedossiers verknüpft, bearbeitet und zusammengefasst. Auf Ebene 4 wurden die bearbeiteten Daten in Übersichtstabellen gegliedert und dienten der Geschäftsführung bei der betrieblichen Bedarfs-, Ressourcen- und Strukturplanung. Auf Ebene 5 konnte das CH-NMDS aus den statistischen Daten Informationen für politische Entscheidungen bereit legen und in die Bevölkerungsstatistik mit einfließen lassen. (Hannah/Ball/Edwards 2002, 311–312)

5. Diskussion

Anhand des CH-NMDS wird gezeigt, dass durch die standardisierte Datenerhebung konkrete Aussagen über die Tätigkeit der Pflegekräfte und auch die Begründung für die Tätigkeit ersichtlich wird. Im Mittelpunkt stehen hier die beiden wichtigsten Variablen Pflegephänomene und Pflegeinterventionen. Durch die einheitliche Definition dieser Klassifikationen kann eine quantitative Datenerhebung auf nationaler Ebene möglich sein. Jedoch fehlt es laut Julia Scholz, die sich auf die Aussagen das schweizerische Institut für Gesundheit und Ökonomie (ISE) stützt, an finanziellen Mittel, an den gesetzlichen Grundlagen und am politischen Willen um den CH-NMDS einzuführen. (Petra Scholz 2007, 49)

6. Zusammenfassung

Die Hausarbeit gibt einen Einblick in die immer größer werdende Bedeutung und die Kosten der Sparte Pflege im deutschen Gesundheitswesen. Aufgezeigt wird die mangelnde Datenlage im pflegerischen Bereich. Als einen Lösungsansatz wird der NMDS dargestellt und zeigt am Beispiel der Schweiz, wie der NMDS umgesetzt werden kann. Mit diesem Datensatz können die Entscheidungsträger auf unterschiedlichsten Ebenen im Gesundheitswesen ihre Informationsbedürfnisse aus dem Datensatz ziehen.

7. Literaturverzeichnis

Bartholomeyczik, Sabine/Halek, Margareta (Hrsg.) (2004): Assessmentinstrumente in der Pflege. Möglichkeiten und Grenzen. 1. Aufl. Hannover.

Berthou, Anne/Junger, Alain/Dominin, Ulisse (2004): Kodierungshandbuch. http://www.sbk-asi.ch/nursingdata/de/index.htm, zuletzt geprüft: 17.01.2011.

Böhm, Karin/Müller, Michael (2009): Ausgaben und Finanzierung des Gesundheitswesens. http://www.gbe-bund.de/gbe10/ergebnisse.prc_tab? fid=12012&suchstring=heft_45& query_id=&sprache=D&fund_typ=TXT&methode=2&vt=1&verwandte=1&page_ret=0 &seite=&p_lfd_nr=1&p_news=&p_sprachkz=D&p_uid=gastd&p_aid=48422643&hlp_ nr=3&p_janein=J, zuletzt geprüft: 17.01.2011.

Eberl, Inge/Bartholomeyczik, Sabine (2010): Die Übertragung des Belgischen Nursing Minimum Data Set II (B-NMDS II) auf bundesdeutsche Krankenhäuser. Ergebnisse der ersten Untersuchungsphase zum Übersetzungs- und Adaptionsprozess des Instruments. In: Pflege 23, 309–319.

Fischer, Wolfram (2006): Die Bedeutung von Pflegediagnosen in Gesundheitsökonomie und Gesundheitsstatistik. 4. Aufl. Wolfertswil.

Hannah, Kathryn J./Ball, Marion J./Edwards, Margaret J. A. (Hrsg.) (2002): Pflegeinformatik. 1. Aufl. Berlin.

Nursing Data (2003): NURSING data, deutsche Version. http://www.sbk-asi.ch/nursingdata/de/index.htm, zuletzt geprüft: 27.12.2010.

Petra Scholz (2007): Nursing Minimum Data Set. Basisdatensatz der Pflege. Frankfurt am Main.

Pick, Peter/Brüggemann, Jürgen/Grote, Christina/Grünhagen, Elke/Lampert, Thomas (2004):Schwerpunktbericht zur Gesundheitsberichterstattung des Bundes Pflege. http://www.gbebund.de/gbe10/owards.prc_show_pdfp_id=11697&p_sprache=d&p_ui d=gastd&p_aid=48422643&p_lfd_nr=1, zuletzt geprüft: 17.01.2011.

Robert Koch-Institut (2006): Gesundheit in Deutschland.
http://www.rki.de/cln_151/nn_204568/DE/Content/GBE/Gesundheitsberichterstat-
tung/GesInDtld/GesInDtld__inhalt.html, zuletzt geprüft: 17.01.2011.